ADAM ET EVE.

A la voix du Seigneur, l'univers enfanté,
Etalait en tous lieux sa naissante beauté.
. . . .
Mais il manquait encore un maître à tout l'ouvrage,
Faisons l'homme, dit Dieu, faisons-le à notre image.
Soudain pétri de boue, et d'un souffle animé,
Ce chef-d'œuvre connut qu'un Dieu l'avait formé.
Poëme de la Grâce, par L. Racine, *ch.* 1er.

PARIS,
IMPRIMERIE DE COSSE ET G.-LAGUIONIE,
rue Christine, 2.

—

1838.

AVIS.

La création présente à nos regards une infinité de merveilles qui nous excitent à la plus vive reconnaissance envers Dieu qui a tout créé. Et l'ordre de choses qu'il a établi, ne doit subsister, qu'autant qu'il voudra conserver ce monde. Tout ce qui existe ne saurait être mis en comparaison avec cet être souverain et tout-à-fait indépendant, puisqu'il est, sans contredit, au-dessus de toutes les beautés, de toutes les richesses, de toutes les grandeurs humaines. Le plus digne hommage que nous puissions lui rendre, c'est de nous consacrer entièrement à son service, en n'ayant de cœur que pour l'aimer; car, sans la charité, on n'est rien devant lui; mais avec la charité, les plus grands maux se changent en biens véritables. Et remarquons, à l'exemple de saints et zélés personnages, que Dieu ne récompense aucune autre vertu, si elle n'est pas accompagnée de la charité : c'est ce qui portait saint François de Sales à dire que la gloire éternelle est montrée à la foi, qu'elle est promise à l'espérance, mais qu'elle n'est accordée qu'à la charité.

A ces mots, ne perdons jamais de vue que la charité comme la vérité du Seigneur, demeurera éternellement.

Veritas Domini manet in æternùm.
(Ps. 116.)

ADAM ET EVE.

Deus creavit hominem inexterminabilem, et ad imaginem similitudinis suæ fecit illum.
Invidiâ autem diaboli mors introivit in orbem terrarum.

Dieu a créé l'homme immortel, il l'a fait puor être une image qui lui ressemblât;
Mais la mort est entrée dans le monde par l'envie du malin esprit. (L. de la Sag. ch. 2.)

Qu'on remonte l'origine du monde, l'origine de toutes les choses visibles et invisibles, si haut que l'on voudra, il faudra toujours reconnaître que Dieu en est le Créateur, il faudra toujours admettre un premier homme et une première femme d'où sont sortis tous les peuples; car, de l'aveu de tous les philosophes dignes de ce nom, il n'y a jamais eu, et il n'y aura jamais d'effet sans cause. — La raison elle-même dicte cela.

Les astres qui roulent constamment et régulièrement sur nos têtes, le soleil, surtout, qui éclaire le monde en produisant la lumière, ce fluide subtil qui rend les objets sensibles à la vue; le jour qui ne manque jamais de succéder à la nuit; les productions continuelles de la terre, la température ou la qualité de l'air, selon qu'il est froid ou chaud, sec ou humide pour seconder les opérations de la nature (1); la liquidité, la transparence et la grande utilité de l'eau; le feu qui contient le calorique et encore la lumière; cet art ravissant, ces belles proportions qui sont répandues dans les choses créées: tout nous prouve d'une manière démonstrative et convaincante que c'est Dieu qui a formé ce vaste univers, que c'est lui qui le conserve et le régit par les lois de sa sagesse.

Que de témoignages éloquents Dieu ne nous donne-t-il pas de l'excellence de son

(1) Les physiciens ont remarqué que l'air, ce grand agent de la nature, joue un grand rôle qui n'est connu que depuis un certain nombre d'années; que la masse de ce fluide entoure le globe à une certaine hauteur; qu'elle porte le nom d'atmosphère; que l'air est pesant, compressible, élastique, dilatable; que la suspension de l'eau dans les pompes à 32 pieds, et du mercure dans les baromètres à 28 pouces, est due à sa pesanteur; qu'il est le véhicule des sons; qu'il retient l'eau liquide sur le globe par sa pression et s'oppose à sa volatilisation.

On était convenu de regarder l'air comme un corps simple : c'est pourquoi on l'avait nommé élément : et on démontre aujourd'hui que c'est un corps composé de deux parties : l'une que l'on nomme oxigène, ou air pur, vital; et l'autre, méphitique, d'une qualité malfaisante.

être, dans ce nombre prodigieux de créatures qui publient son pouvoir suprême! créatures qu'il a tirées du néant, puisque le chaos qui précédait la création était tellement vide, qu'il n'y avait aucun corps, pas même de l'air. — Cependant Leucippe invente le système des atomes et du vide. — Démocrite et Épicure s'appliquent ensuite à développer ce système, et n'admettent point de Créateur.

Il est rapporté que « le principe fondamental de ce système de physique était que rien n'a pu sortir du néant, et que rien n'y doit rentrer. »

Voilà le langage de l'homme qui aime l'erreur, et qui ne s'appuie que sur lui-même : langage qui se trouve évidemment confondu par le pouvoir du Créateur.

Ab actu ad posse, valet consecutio.

Ce principe n'admettait que deux êtres, tous deux nécessaires, éternels, infinis ; le vide, c'est-à-dire, une espèce pénétrable à tous les corps, et un amas de petits corps indivisibles, quoique étendus, simples et diversement figurés, qui, par leur pesanteur naturelle, se précipitaient dans le vide, et s'y mêlaient. Comme leur mélange aurait été impossible, s'ils fussent

tombés perpendiculairement, il leur supposait un mouvement de déclinaison qui leur faisait décrire des lignes courbes par le moyen de ce mouvement, ils se croisaient et s'entre-choquaient diversement, suivant la variété de leurs figures, et des combinaisons sans nombre de ces atomes, résultaient des corps de toute espèce. . . . .
. . . .
Ainsi le concours de ces atomes éternels, avait tout fait éclore, et tout se détruisait par leur désunion. . . . . .
Le monde a commencé, il doit finir, et de ses débris, il s'en formera un autre. .

(Dict. hist., t. 9, art. d'Epicure.)

On aurait pu dire à l'inventeur, comme aux sectateurs de ce misérable système :

Les voies et les pensées de Dieu surpassent toute votre intelligence.

Vos phrases ne sont que de faux brillants, des suppositions gratuites, des jeux d'esprit comparables aux contes de ces nymphes enchanteresses qu'on supposait avoir le don de prédire l'avenir, et d'opérer des prodiges.

Le sentiment de l'orateur romain à cet égard, est conçu en ces termes : — *In physicis Epicurus totus alienus est.* — Est une réfutation complète de toutes ces choses imaginaires.

N'est-ce pas, en effet, être souverainement ignorant en physique, que d'accorder au hasard une faculté créatrice ? et si le hasard a cette faculté, que ne produit-il de nouveau, dit encore le même orateur, des villes, des temples, des soleils ? — *Si casus hæc præstitit, quidni urbes, templa, soles de novo producuntur ?*

Ensuite les événements du hasard étant toujours très incertains, on ne peut, en aucune manière, lui attribuer une intention précise, parce que cette intention ne serait précédée ni d'une disposition convenable, ni d'un dessein prémédité, ni d'une connaissance annonçant la fonction des facultés de l'âme, ni d'une volonté émanée de cette puissance par laquelle on veut

Que le hassard fasse, que la fortune veuille, que le sort décide, que le destin ordonne il faut reconnaître avant tout cela, l'action de la Providence, et une fin prescrite par elle, non seulement dans les actions humaines, mais encore dans les événements publics et particuliers, sans qu'on soit fondé à dire que la Providence serve ou presse les événements contingents et les actions libres, puisque c'est

elle-même qui les permet, et que, d'ailleurs, tout lui est nécessairement soumis.
— C'est le Seigneur qui dresse les pas de l'homme, et qui rend ses démarches heureuses. En effet qui est l'homme qui puisse comprendre la voie par laquelle il marche, qui puisse savoir où elle le conduit.

A Domino diriguntur gressus viri : quis autem hominum intelligere potest viam suam.

(Prov. Salom., ch. 20, v. 24).

Le système du vide et du concours des atomes, comme cela a été observé par de savants littérateurs remplace alors des difficultés par des absurdités, en faisant des dieux sans providence, sans bonté, sans pouvoir, en faisant des dieux inutiles.

Poursuivons.

Dès que les philosophes dont est question, admettent le vide et des atomes dans ce vide, ils devaient admettre nécessairement une puissance active, une puissance douée d'une industrie merveilleuse, une souveraine intelligence qui produisît des forces motrices, et qui les organisât pour la direction et les qualités de ces corpuscules. Autrement, tout ouvrage d'un hasard aveugle, renverse toutes les lois de la vraie physique, puisque les lois du mouvement, ces règles suivant lesquelles les corps se meuvent, ne peuvent point venir du hasard. Tout ouvrage ainsi supposé, ne peut exister réellement; et si l'on prétend qu'il a pu exister, la raison a droit de demander où est le principe qui a opéré avec tant de force, avec tant d'efficace? On sent, dès-lors, qu'il faut autre chose que ce qui est conçu comme le premier dans la composition des choses matérielles. Les opinions, les entreprises, les systèmes ne s'accréditent pas par de fausses mesures, par de vaines explications, par des fables ridicules. Aussi, rien de plus absurde, que d'attribuer à la matière qui est essentiellement inerte, aveugle et corruptible, des facultés qui ne sont point naturellement et indispensablement en elle.

Peut-on réfléchir sur cette absurdité, sans reconnaître le véritable état des choses? — D'après l'ordre admirable qui éclate de toutes parts, et qui se montre jusque dans les plus petits objets, il est évident qu'il faut absolument admettre le premier être par qui tous les autres sont et subsistent, ce souverain moteur de l'univers, qui expose à nos regards les beautés du firmament, qui a affermi la terre sur les eaux, qui l'a rendue féconde, qui a mis des bornes aux flots de la mer, qui a tout fait, qui a tout créé de rien, qui a tout réglé, tout modifié, tout ordonné.

Ipse dixit, et facta sunt; ipse mandavit, et creata sunt. (Ps. 148.)

Mais, diront les sectateurs de l'épicurisme, la raison ne peut comprendre l'action de Dieu sur le néant, cette action qui en aurait tiré ces masses énormes dont le monde est composé, cette action qui en aurait fait sortir tant d'êtres de toute espèce.

Pour réfuter victorieusement cette objection, il suffit d'opposer aux prétendues opérations des atomes, le pouvoir infini de Dieu, puisqu'il a fait sans peine, sans fatigue, sans préoccupation, tout ce qui existe, que son chef-d'œuvre est l'homme qu'il a créé à son image, en lui donnant la raison comme un privilége qui le distingue de la bête, capable de le connaître et de l'aimer, en lui donnant ce sentiment intérieur du bien et du mal, auquel nul ne peut se soustraire. Qui oserait ensuite soutenir que le désir de trouver la vérité, lequel désir nous est si naturel, est un effet dépendant d'une rencontre subite d'atomes?

Loin de s'embarrasser de cet étrange

paradoxe, il faut se rendre à la vérité, en disant sérieusement que l'effet dépend de la cause, que ce qui est produit, provient, certes, d'un principe qui a la force de produire.

On voit des écrivains produire quantité d'excellents ouvrages. On voit des artistes produire des choses qu'on admire. On voit des productions de tout genre, de toute espèce. Les règnes animal, végétal, minéral, présentent aux observateurs des effets, des phénomènes les plus dignes de leurs profondes recherches. Mais en tout, il faut voir ce qui produit et ce qui est produit, et savoir reconnaître dans les causes secondes, cette cause première, cette main invisible qui distribue les biens et répand les maux suivant les secrètes dispositions de cette Providence dont les décrets ne manquent jamais d'avoir leur accomplissement.

Et si certains esprits raisonneurs en venaient jusqu'à un tel point de témérité, que de sonder les desseins de la providence, ou de vouloir comprendre l'essence divine dans ses perfections infinies, dans toute la splendeur de sa gloire, de zélés et courageux dialecticiens ne devraient-ils pas faire tous leurs efforts pour les redresser, en leur montrant leurs erreurs ? — Le quatrain suivant, par exemple, quatrain bien didactique, et d'ailleurs bien connu, ne pourrait leur être cité plus à propos.

Loin de rien dé cider sur cet Etre suprême,
Gardons, en l'adorant, un silence profond.
Le mystère est immense, et l'esprit s'y confond,
Pour savoir ce qu'il est, il faut être lui-même.

On sait que les plus grands personnages de l'antiquité n'étaient pas d'accord sur ce que Dieu pouvait être. — Mais des philosophes qui auraient même tout le mérite possible, et dont l'éducation aurait été parfaitement soignée, ne cesseraient pas pour cela d'être enfants d'Adam. Comment pourraient-ils, dès-lors, venir à bout de pénétrer les desseins de Dieu, tandis qu'il y a une infinité de secrets naturels qui sont impénétrables? Oui, les connaissances humaines sont tellement limitées, qu'il faut s'étonner qu'il y ait eu des hommes à prétentions, ou des hommes assez aveugles pour ne pas se défier d'eux-mêmes, de leurs forces, de leur propre esprit. Ceux qui ont donc tant raisonné sur les différentes combinaisons des atomes, sur leur mélange et les qualités sensibles que ce mélange produisait dans les corps, sur leur union et leur désunion, auraient dû se dispenser de découvrir leurs pensées extravagantes. On ne s'illustre jamais par des systèmes imaginaires, par des systèmes dont les conséquences peuvent devenir très pernicieuses.

Considérons maintenant Adam et Ève dans le paradis terrestre, en faisant usage de ces figures qui embellissent le style narratif.

Tout concourait au bonheur de nos premiers parents dans le délicieux séjour qu'ils habitaient : je les vois jouir d'une santé inaltérable à la faveur du printemps continuel qui règne dans ce lieu charmant. Ici, la terre émaillée de fleurs, est pour eux un des plus beaux spectacles. Là, des arbres chargés de fruits de toute espèce, attirent leurs regards, et satisfont leur goût par leur bonté. Leurs passions soumises à leur raison et dociles à leur volonté, ne leur font point essuyer ces terribles secousses qui ébranlent et qui détruisent les tempéraments les plus robustes : aussi coulent-ils les jours les plus calmes et les plus sereins à l'abri des calamités qui suivent la fougue impétueuse des appétits déréglés. Maîtres absolus de tout ce qui les environne, ils commandent aux animaux, et leurs ordres sont exécutés. Leur félicité ne se borne point à passer les moments de leur vie dans le sein des plaisirs qui se multiplient à chaque instant; ils ont encore le plus précieux avantage de s'entretenir avec leur Créateur : ils élèvent vers lui leur cœur et leur esprit; et l'Être Suprême veut bien s'abaisser jusqu'à leur répondre, parce qu'eux-mêmes se font un devoir (comme c'était une chose très juste), de s'abaisser devant sa majesté; ils le bénissent tour-à-tour en célébrant sa puissance qui les a tirés du néant; ils font retentir le lieu de leur retraite des cantiques qu'ils chantent pour exalter sa main bienfaisante qui les comble de bénédictions.

Mais, ô funeste changement! à peine Adam a-t-il touché au fruit de l'arbre dont l'usage lui avait été défendu ; à peine est-il devenu prévaricateur en goûtant de ce fruit maudit, et en abusant alors de la liberté avec laquelle il fut créé, qu'il perd son innocence? la vive clarté qui lui découvrait auparavant les perfections de son âme, s'évanouit. De sombres ténèbres se répandent tout-à-coup dans son esprit, et le couvrent tout entier. La mort étale à ses regards étonnés l'affreuse image de sa destruction : elle lui peint sous de noires couleurs le lugubre tableau des afflictions qui vont fondre sur lui. A ce terrible aspect, Adam perd le souvenir des délices dont il jouissait dans son séjour enchanté. Il aperçoit comme dans un miroir les douleurs et les maux qui lui sont réservés pour le reste de sa vie : les maladies lui présentent les douleurs qu'elles doivent lui causer. Les besoins pressants de la faim viennent déjà le tourmenter. L'ennui commence à le désoler. Les peines, les sollicitudes, les fatigues, les travaux essaient de le dévorer. Le tombeau qui s'ouvre sous ses pieds chancelants, et qui lui fait voir la poussière à laquelle il est destiné, achève de l'accabler. Hélas! s'écrie-t-il au milieu de ces amertumes, que j'ai été infortuné d'offenser mon Dieu !

Le Seigneur voyant qu'Adam rougissait de son péché, et qu'il cherchait à s'éloigner de sa présence, lui apparut ainsi qu'à son épouse. Pourquoi, dit-il, me fuyez-vous? ne suis-je pas votre Dieu comme auparavant?—Je n'ose paraître devant vos yeux, lui répond Adam, en versant un torrent de larmes. Dès que je me suis aperçu de ma nudité, je me suis hâté de faire une ceinture pour me couvrir. — Pourquoi donc, reprend le Seigneur, pourquoi avez-vous transgressé mon commandement ? — La femme que vous m'avez donnée pour compagne, répartit Adam, m'a séduit en m'excitant à manger du fruit de cet arbre; elle m'en a exalté la beauté et l'excellence avec tant d'énergie, que j'ai succombé à ses sollicitations. — Le démon, dit Eve, m'a trompée la première, m'a fait fixer mes regards sur cet arbre : j'en ai arraché une pomme, je l'ai trouvée d'un goût si exquis, que j'en ai mangé, et que j'ai porté mon époux à m'imiter.

Malheureuse femme! dit le Seigneur d'un ton foudroyant: Vous subirez la juste peine de votre désobéissance. Vous enfanterez dans la douleur, et vous ne vivrez plus dans l'égalité que vous partagiez avec votre époux : vous lui serez soumise, et vous ne manquerez point d'observer ce qu'il vous prescrira. Puis, adressant la parole à Adam : la terre, lui dit-il, deviendra stérile à votre égard, elle ne vous présentera plus ses fruits, car vous serez contraint de la travailler, pour la rendre fertile.

Dès que le Seigneur eut fait cette terrible prédiction au premier homme et à sa compagne, les éléments changèrent. Le printemps disparut pour être remplacé par les vives ardeurs de l'été, auquel succédèrent les inégalités de l'automne ; et cette troisième saison fut suivie des frimas et des rigueurs de l'hiver.

La terre qui, avant la malédiction, offrait de toutes parts un spectacle digne de l'admiration des anges et des hommes, glace tout-à-coup les sens de ses habitants, et les saisit d'effroi : elle se dépouille de ses fleurs, sa verdure disparaît. Les arbres perdent leurs fruits et leurs feuilles ; en un mot, les ronces et les buissons couvrent la surface de tous les lieux qui restent incultes.

A la suite de ces désastres, Adam et Ève sont chassés du paradis terrestre : ils aperçoivent, à son entrée, ils aperçoivent l'ange de Dieu qui répand la terreur sur ces infortunés, en remuant continuellement l'épée flamboyante qu'il tient à la main.

Que je suis malheureux ! s'écrie Adam. Sa consternation et sa douleur ne lui permettent point de changer de place : il gémit dans le fond de son cœur, et reste immobile sans oser même lever les yeux...

Ce qui afflige extrèmement le premier homme et sa compagne, ce sont ces familles nombreuses dont ils vont être l'origine : c'est cette innombrable postérité qui allait sortir d'eux-mêmes, et qu'ils venaient de plonger dans un abîme de malheurs. Mais les choses prennent tout-à-coup une nouvelle face, car Dieu avait dit au serpent dont le démon avait pris la forme pour tromper Ève : — Parce que tu as fait cela, tu es maudit entre tous les animaux et toutes les bêtes de la terre : Je mettrai une inimitié éternelle entre toi et la femme, entre sa race et la tienne; elle te brisera la tête par le Sauveur qui naîtra d'elle.

Ipsa conteret caput tuum.
(La Gen. ch. 3, v. 15.)

A ces mots, on conçoit tout d'abord que Dieu promet un réparateur au genre humain.

Et nunc est, certè quidem, alia ratio rerum omnium.

D'où naît cet astre heureux dont la vive clarté,
Des bords de l'Orient dissipe les orages,
Et rend à l'univers cette sérénité,
Que troublaient de la mort les ténébreux nuages?
Ah! du sein de l'amour et de la pureté,
Se lève ce soleil, l'espoir de tous les âges :
La fille de David par son humilité
Ouvre un port aux mortels au milieu des naufrages.
(*Recueil acad.*)

Au temps marqué par les prophètes, apparaît donc le Messie : et Marie, le chef-d'œuvre de la grâce, l'organe du Saint-Esprit, le soutien de la sainte Église, est sa mère. Comme il n'est personne qui ne tienne quelque chose de cette digne mère de son fils, il n'est personne qui ne lui doive, bien certainement, le tribut de la louange, et les marques d'un honneur tout spécial, d'un honneur plein de respect et de la confiance la plus affectueuse.

Oui, la sainte Vierge qui est notre médiatrice par grâce et par privilége, a enfanté Jésus, qui est notre médiateur de droit et par nature. Cette reine des anges et des hommes, comme l'a si bien pensé un de ses zélés serviteurs, a eu plus de foi que les patriarches, plus de ferveur que les apôtres, plus de patience que les martyrs, plus de pureté que les vierges, plus de charité, plus d'humilité, plus de soumission, plus de vertus que les plus grands saints. C'est donc à juste titre que saint Bernard a dit que Dieu peut produire une terre plus grande, un monde plus étendu, mais qu'il ne saurait faire une mère d'une distinction plus éminente.

Majorem mundum; majorem terram potest facere Deus; majorem matrem, quàm matrem **Dei** *non potest facere Deus.*

Le divin Messie, né de cette mère, la Vierge par excellence, a établi la religion que nous professons. Cette auguste religion qui nous offre les moyens de nous sanctifier, est le fondement du bon ordre et de la morale. C'est par elle qu'on rend à Dieu les hommages qui lui sont dus, parce que Dieu seul pouvait apprendre à l'homme le véritable culte qu'il avait droit d'exiger de lui, et qu'il voulait qu'il lui rendît. Les principes de cette même religion, sont immuables, parce qu'ils viennent de Dieu qui est la vérité même : plus on les suit fidèlement, plus on est vertueux. Mais quiconque abuse de son rang, de son crédit, de son influence, pour empêcher ou retarder les bons progrès, se rend coupable d'impiété : car, il faut convenir que Dieu n'a formé les êtres raisonnables, que pour qu'il en fût aimé, servi et glorifié.

Et quand la religion, toujours pure comme son auteur, est admise dans les états (y a-t-il rien de si conforme à leurs intérêts et de plus admissible), qu'elle obtient ensuite pour son exercice la protection qui lui est due, la vertu s'y montre avec assurance, et cimente la prospérité des familles : cette prospérité devient elle-même la meilleure garantie de la tranquillité publique et de cette harmonie sociale qui en est le complément.

Ici, je crois entendre des clameurs excitées par des idées d'indépendance.

Le sage, comme on sait, respecte le cri public, et méprise ces sortes de clameurs, en reconnaissant qu'on ne peut trouver de bonheur réel, que dans l'observation exacte et constante des devoirs de la religion; que si le cœur humain était livré à son indépendance naturelle, il deviendrait victime de ses passions, et que pour éviter ce joug si difficile à secouer, l'homme a besoin de se soumettre aux lois (1).

En conséquence, la religion que Jésus-Christ et ses apôtres ont prêchée à toutes les nations, et qu'ils ont confirmée par les

---

(1) On ne saurait assez admirer ce qu'a pensé Massillon sur la nécessité des lois. (t. 15ᵉ, p. 344 et 45.)

« Les hommes, disait ce grand orateur, sont trop légers, trop inconstants, trop faibles, pour se conduire tout seuls. Il leur a fallu des lois pour les fixer dans la société; il leur en faudrait pour les fixer avec eux-mêmes. Ce que nous regardons comme la souveraine félicité, cette liberté, cette indépendance que nous vantons tant, c'est précisément la source de cet ennui qui empoisonne tous nos plaisirs. C'est un supplice continuel de vivre sans règle et au hasard, de ne consulter que le goût et les inégalités de l'imagination, d'être incapable de suite et d'uniformité, de mener une vie qui ne se ressemble jamais à elle-même, de mener une vie où chaque jour amène de nouveaux goûts et de nouvelles occupations, où presque jamais rien n'est à sa place, où l'on se porte partout, et où partout on est à charge à soi-même. . . .
. . . .

miracles le plus éclatants, est le vrai chemin du ciel. Nous devons d'autant plus aimer et pratiquer cette religion toute divine, qu'elle est digne de tous nos hommages; qu'elle-même nous apprend à vivre conformément à ce qu'elle nous commande; qu'elle-même nous convainc malgré les nuages des passions, que la justice, surtout, doit être toujours supérieure aux préventions, aux faveurs, aux engagements de parti.

Cette religion toute sublime, est aimable au-dessus de toute pensée et de toute expression : elle est encore salutaire et très intéressante sous tous les rapports spirituels et même temporels, tellement que toutes nos actions doivent être faites par *rapport à Dieu,* chacun de nous doit se mettre en état de pouvoir dire à Dieu, ce que Jésus-Christ dit dans l'évangile : Mon père, je vous ai glorifié sur la terre, j'ai achevé l'ouvrage que vous m'avez donné.

Ego te clarificavi super terram ; opus consummavi, quod dedisti mihi ut faciam.

(Saint Jean, ch. 17.)

L'accomplissement de l'œuvre de Dieu, est alors un travail, une pénitence, une mortification dont l'effet admirable qui vient de la grâce, sanctifie l'âme, en lui donnant cette supériorité qu'elle doit continuellement exercer sur le corps.

Un grand exemple de l'accomplissement de l'œuvre de Dieu, nous le trouvons dans la vie et la conduite de saint François-Xavier, qui, pour glorifier Dieu sur la terre, n'eut rien tant à cœur que d'accomplir cette œuvre si importante, en travaillant à la conversion de ces populations qui étaient privées des lumières de la foi, en préposant au salut de leurs âmes ces bons missionnaires, toujours disposés à porter le poids de la chaleur et du jour, et à leur donner des preuves de leur dévouement : aussi leur nom, leurs vertus, leurs belles actions éclataient par tout le monde.

Au milieu des travaux entrepris avec un zèle si éclairé, avec des succès si rapides pour la gloire de Dieu et le service du prochain, le charitable apôtre des Indes et du Japon se procura ce degré de perfection que nous devons avoir en Jésus-Christ, et qu'il possède maintenant d'une manière éminente.

Je ne puis mieux terminer ces réflexions, qu'en rapportant ici, mais très analytiquement, ce qu'a dit un pieux et respectable pasteur dans sa 2ᵉ et 3ᵉ réflexion sur la religion.

(La voix du pasteur, t. 1ᵉʳ.)

Comment pourrait-on (selon le respectable pasteur dont nous parlons), ne pas aimer une religion qui ne prêche que l'amour de Dieu, que la plus parfaite charité, qui fait le bonheur de tous ceux qui la pratiquent, et qui ferait le bonheur du monde entier, si tout le monde la pratiquait?

Sa première loi, sa loi qui renferme tout ce qu'elle commande, est celle-ci: —Vous aimerez Dieu de tout votre cœur, en tout et partout, parce qu'en tout et partout, il est infiniment aimable. S'il souffre les méchants, vous aimerez sa patience; s'il les punit, vous aimerez sa justice; s'il leur pardonne, vous aimerez sa miséricorde.

Vous aimerez encore votre prochain comme vous-même, vos amis et même vos ennemis, parce qu'ils sont vos frères; les riches, les pauvres, les parens, les étrangers, les bons, les méchants, chrétiens ou infidèles, parce que Jésus-Christ les aime tous, et qu'il a donné sa vie pour tous.

A peine sommes-nous venus au monde, que la religion nous reçoit dans son sein, et ne nous perd plus de vue.

Elle nous confirme dans la foi.

Elle nous admet à la table sainte, en nous exhortant à nourrir souvent nos âmes de ce pain angélique.

Quand nous sommes tombés dans quelque péché qui nous a fait perdre la grâce, la religion nous appelle et nous montre ce tribunal de miséricorde où les plus grands pécheurs sont réconciliés avec Jésus-Christ.

L'extrême-onction qui est le complément du sacrement de pénitence, nous fortifie et nous console dans nos maladies.

La religion préside encore à vos alliances, en bénissant et sanctifiant vos mariages.

Et mettant le comble à ses bienfaits, cette religion toute céleste entretient un grand nombre de ministres qui se succèdent sans interruption les uns aux autres, pour exercer les fonctions sacrées. Fonctions qui sont exercées en vertu de la mission de notre bonne mère, l'Église catholique, apostolique et romaine.

Aimons donc une religion qui fait déjà notre bonheur sur la terre; et rendons gloire à son divin fondateur, en profitant avec un saint empressement des moyens qu'il a établis pour assurer et consommer notre prédestination.

PAR UN ECCLÉSIASTIQUE

du diocèse de Clermont-Ferrand.

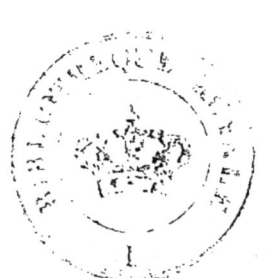

www.ingramcontent.com/pod-product-compliance
Lightning Source LLC
Chambersburg PA
CBHW060620050426
42451CB00012B/2352